기획 윤구병

1943년 전라남도 함평에서 태어나 서울 대학교 철학과와 대학원을 졸업하고, 월간 〈뿌리 깊은 나무〉의 초대 편집장을 지냈습니다.
충북 대학교 철학과 교수로 있으면서 어린이 책 〈올챙이 그림책〉〈어린이 마을〉〈달팽이 과학 동화〉를 기획하고 펴냈습니다.
1995년 대학 교수직을 그만두고 전라북도 부안으로 내려가 농사를 지으면서 대안 교육을 하는 '변산교육공동체'를 세웠습니다.
20여 가구 50여 명이 모여 살며 논농사 밭농사를 짓고, 젓갈·효소·술 같은 것을 만들어 자급자족하면서 자녀들과 함께
공동체 삶의 소중함을 배우고 가르쳐 오고 있습니다.
지은 책으로 그림책 《우리 순이 어디 가니》《바빠요 바빠》《심심해서 그랬어》《우리끼리 가자》《당산 할매와 나》《울보 바보 이야기》
《모르는 게 더 많아》가 있고, 《잡초는 없다》《변산공동체학교－어제, 오늘 그리고 내일》《꼭 같은 것보다 다 다른 것이 더 좋아》
《가난하지만 행복하게》《흙을 밟으며 살다》《자연의 밥상에 둘러앉다》《꿈이 있는 공동체 학교》들이 있습니다.

그림 이유진

1977년 충청북도 보은에서 태어나 홍익 대학교에서 동양화를 공부했어요.
《별공자》《뱀꼬리의 고집》《토끼의 재판》《하늘을 울린 거문고》에 그림을 그렸어요.

올챙이 그림책 · 바른 습관 형성을 돕는 책 · 오줌 누고 잘걸

초판 1쇄 발행일 1991년 | 개정판 1쇄 발행일 2011년 5월 30일
기획 윤구병 | **그림** 이유진 | **발행인** 김학원 | **편집인** 선완규 | **경영인** 이상용 | **편집장** 위원석 정미영 최세정 황서현 | **기획** 나희영 임은선 박인철 최윤영 김은영 박정선 조은화 김희은 김서연 정다이 | **디자인** 김태형 유주현 | **마케팅** 이한주 하석진 김창규 이선희 | **저자·독자 서비스** 조다영 함주미(humanist@humanistbooks.com)
스캔·출력 (주)로얄프로세스 | **용지** 화인페이퍼 | **인쇄** (주)로얄프로세스 | **제본** (주)책 다움
발행처 휴먼어린이 | **출판등록** 제313-2006-000161호(2006년 7월 31일) | **주소** 121-869 서울시 마포구 연남동 564-40
전화 02-335-4422 | **팩스** 02-334-3427 | **홈페이지** www.humanistbooks.com

ⓒ (재)변산공동체장학회, 윤구병 2011
ISBN 978-89-6591-007-7 17370

오줌 누고 잘걸

윤구병 기획 | 이유진 그림

휴먼 H
어린이

미루가 산꼭대기에서 시원하게 오줌을 눠요.

7

어이쿠! 꿈이었어요.
오줌을 쌌네요.

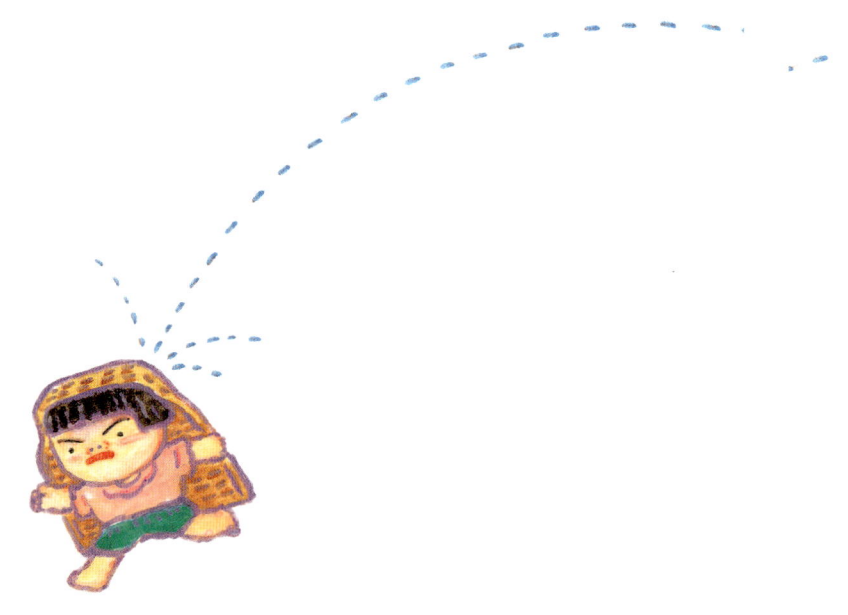

자기 전에 수박 먹지 말라고 했지!

'엄마가 알면 어떡하지?'

11

오줌 누고 자라고 했지!

'누나가 알면 어떡하지?'

얼레리 꼴레리
　　미루는 오줌싸개래.

'앞집 나래가 알면 어떡하지?'

'쌔근쌔근'
미루는 잠자는 동생을
내려다보았어요.

"엄마, 엄마!
아기가 오줌을 쌌나 봐."

"이런, 속옷이 다 젖었네."
엄마가 미루 속옷을 갈아입혀 주었어요.

엄마가 요를 널었어요.
"미루야, 자다가 오줌 마려우면
어떻게 하지?"
엄마가 물었어요.
"벌떡 일어나서 오줌을 눠요."

밤이 왔어요.
"자기 전에 꼭 오줌을 눠야 해.
물을 많이 먹어도 안 돼.
그렇지, 엄마?"
미루가 오줌을 누면서 말했어요.